AF311613

CONVENTION

ENTRE

LE ROI

ET

L'IMPÉRATRICE

REINE DE HONGRIE

ET DE BOHÈME,

Concernant les limites des ÉTATS RESPECTIFS aux Pays-bas, & les contestations y relatives.

Du 16 Mai 1769.

A PARIS,

DE L'IMPRIMERIE ROYALE.

M. DCCLXIX.

L OUIS, PAR LA GRÂCE DE DIEU, ROI
DE FRANCE ET DE NAVARRE: A tous
ceux qui ces préfentes Lettres verront; SALUT.
Comme notre très-cher & bien amé Coufin le
Duc de Choifeul-d'Amboife, Pair de France,
Chevalier de nos Ordres & de la Toifon d'or,
Colonel général des Suiffes & Grifons, Lieutenant
général de nos Armées, Gouverneur & Lieutenant
général de la province de Touraine, Gouverneur
& grand Bailli d'Haguenau, du pays des Vofges
& de Mirecourt, Grand - Maître & Surintendant
général des Courriers, Poftes & Relais de France,
Confeiller en tous nos Confeils, & Miniftre &
Secrétaire d'État & de nos commandemens &
finances, auroit, en vertu des plein-pouvoirs que

A ij

nous lui avions donnés, conclu, arrêté & figné le 16 du mois de Mai dernier, avec le Comte de Mercy-Argenteau, Vicomte de Loo, Chambellan, Confeiller actuel intime de notre très-cher & très-amé frère l'Empereur des Romains, & de notre très-chère & très-amée fœur l'Impératrice Reine de Hongrie & de Bohème, & leur Ambaffadeur auprès de Nous, pareillement muni de pouvoirs, une convention définitive concernant les limites de nos États & ceux de notredite Sœur aux Pays-bas, & l'arrangement de toutes les prétentions refpectives qui y font relatives, de laquelle convention la teneur s'enfuit :

Au nom de la Très-Sainte & indivifible Trinité, Père, Fils & Saint-Efprit. Ainfi foit-il.

SA MAJESTÉ le Roi Très-Chrétien, & Sa Majefté l'Impératrice Reine Apoftolique de Hongrie & de Bohème, animées du defir de refferrer de plus en plus les liens de l'amitié qui les unit, & de terminer conformément aux traités & aux convenances réciproques les conteftations qui fubfiftent entre Elles, relativement à leurs poffeffions refpectives aux Pays-bas, ont nommé, favoir : Sa Majefté le Roi Très-Chrétien, le Très-Illuftre & Très-Excellent Seigneur Étienne-

François Duc de Choiseul-d'Amboise, Pair de France, Chevalier de ses Ordres & de la Toison d'or, Colonel général des Suisses & Grisons, Lieutenant général de ses Armées, Gouverneur & Lieutenant général de la province de Touraine, Gouverneur & grand Bailli d'Haguenau, du pays des Voges & de Mirecourt, Grand-Maître & Surintendant général des Courriers, Postes & Relais de France, Conseiller en tous ses Conseils, & Ministre & Secrétaire d'État & de ses commandemens & finances : Et Sa Majesté l'Impératrice Reine Apostolique, le Très-Illustre & Très-Excellent Seigneur Florimont Comte de Mercy-Argenteau, Vicomte de Loo, Chambellan, Conseiller actuel intime de Leurs Majestés Impériales, Royale & Apostolique, & leur Ambassadeur auprès de Sa Majesté Très-Chrétienne, lesquels après s'être dûment communiqué leurs plein-pouvoirs, sont convenus des articles suivans :

ARTICLE PREMIER.

POUR faire cesser les difficultés qui se sont élevées au sujet des dépendances de Mortagne, & s'arranger en même temps sur l'échange des enclaves du Tournaisis & de la châtellenie de Lille, l'Impératrice Reine cède au Roi Très-Chrétien les villages, lieux & enclaves suivans, savoir :

Les enclaves de Wazenne & Esquermes :	Le village de Lezenne : L'enclave d'Engrain à Lesquin :

Ceux de Marcq & Marquette en Barœul, avec les terres de Marquette-lez-Lille :	Sailly :
Mouveaux :	Camphain :
Le hameau de Camp à Coutiches :	Wanehain :
L'enclave de Fournes à Genaix :	Bourghielles :
Le fief Jean de la Hamayde à Nomain :	Lis-lez-Lannoy :
Le fief de Buvry à Berfée :	Toufllers :
Antrœul :	Leers :
	Le village de Wihers avec fon territoire, fitué près de la partie des dépendances de Mortagne, qui font fur la rive droite de l'Efcaut :

De même que tous les petits enclavemens qui peuvent être renfermés dans les villages de la châtellenie de Lille, qui font inconnus & de peu de valeur; de forte qu'il n'y aura aucune exception ni réferve à la ceffion de tous les enclavemens du Tournaifis, qui pourroient être fitués dans ladite châtellenie de Lille: fans préjudice néanmoins de la mouvance des Seigneurs particuliers, des loix & coutumes qui s'obfervent en chacun de ces lieux, & des droits & priviléges dont on y jouit.

ARTICLE II.

LE ROI Très-Chrétien cède à l'Impératrice Reine Apoftolique, les enclaves fuivans de la châtellenie de Lille, fitués dans le Haynaut fur la rive droite de l'Efcaut, favoir;

L'enclave de ladite châtellenie dans le village de Pottes :	Les hameaux de Cavrinnes & Lenglé à Hefrinnes:

Le fief de Guifegnies dans le hameau de Leaucourt, paroiffe dudit Hefrinnes :

L'enclave de Velaines dans lequel l'églife paroiffiale eft placée :

Le hameau de Petrieux , paroiffe de Beulers :

Le fief de Breuze & autres terreins de Lille enclavés au village de Mourcourt :

Le hameau de Pont - à - Laye, fitué au village d'Efcanaffes:

Le château de Flines, fitué au village d'Obigies.

ARTICLE III.

L'IMPÉRATRICE Reine Apoftolique eft maintenue dans la fouveraineté de la paroiffe de Vezon & du hameau de Brafmenil, dépendant l'un & l'autre de la baronie d'Antoing, unis & annexés comme elle au Tournaifis, & le Roi Très-Chrétien renonce aux prétentions qui ont été formées de fa part, foit fur lefdits lieux de Vezon & de Brafmenil & une partie de la bourgade d'Antoing, ou fur tous autres lieux quelconques, nuls exceptés, qui pendant le règne du roi Louis XIV, ont été détachés du Haynaut & annexés ou unis au Tournaifis, s'il en étoit aucuns qui fuffent enclavés dans le territoire de la domination de Sa Majefté l'Impératrice Reine Apoftolique.

ARTICLE IV.

SA MAJESTÉ le Roi Très-Chrétien cède auffi à Sa Majefté l'Impératrice Reine Apoftolique, les enclaves fuivans de la châtellenie de Lille dans le Tournaifis, favoir ;

La partie du village d'Efplechin qui eft de la châtellenie de Lille :

Le hameau de Florent, paroiffe de Taintignies :

Guignies, paroiffe de Velvain :

Les terres fituées au village de Pecq :

Celles fituées au village d'Eftainbourg :

Celles du village de Baillœul :

Les parties qui font de la châtellenie de Lille à Blandain, avec ce qui eft terre franche dans le même village :

La partie de la même châtellenie fituée dans le village de Nechin, avec les terres de Lobel dans le même village :

La partie du village de Templeuve en Doffemez :

La partie du village de Dottignies :

Et le village d'Efpain-Blaheries, qui fait partie de la dépendance de Saint-Amand :

De même que tous les petits enclavemens qui peuvent être renfermés dans les villages du Tournaifis & qui font inconnus, de forte qu'il n'y aura aucune exception ni réferve à la ceffion réciproque des enclavemens de part & d'autre.

A R T I C L E V.

L'IMPÉRATRICE Reine Apoftolique renonce à fes droits & prétentions fur l'Efcroëtte de Mortagne pour autant que les terres qui la compofent, fe trouvent fituées entre les rivières de l'Efcaut & de la Scarpe :

Sur Château-l'Abbaye, avec toutes les terres qui y appartiennent où en dépendent, placées dans la même pofition :

Sur Forêt :

Sur les francs-fiefs de l'Abbaye :

Sur Locron :

Sur le village de Bruiffe :

Sur Notre-Dame-au-Bois :

Sur la rue de Haute-rive :

Et généralement fur tous les lieux dépendans de la Terre de Mortagne, en tant qu'ils font fitués entre

l'Efcaut

l'Efcaut & la Scarpe, comme les parties qui viennent d'être nommément défignées.

Sa Majefté Impériale Apoftolique cède, en outre, à Sa Majefté Très - Chrétienne le village & territoire de Thun fitué à la rive gauche de la Scarpe ; ainfi que la partie marécageufe du village de Maulde adjacente à cette rivière, & contenant environ foixante mefures, & généralement la fouveraineté fur tous les terreins adjacens à la Scarpe, jufqu'au point de fon confluent avec l'Efcaut.

ARTICLE VI.

LE ROI Très-Chrétien fe défifte de fes prétentions, & reconnoît la fouveraineté de l'Impératrice Reine Apoftolique, fur les villages & hameaux fuivans, faifant partie des dépendances de Mortagne, favoir ;

Flines :	Rodignies :
Sart :	Legles :
Rouillon :	Ourfel à Vergne :
Rœux :	

Et généralement fur toutes les parties des appartenances ou dépendances de Mortagne, fituées fur la rive droite de l'Efcaut au-deffous de Wihers & fur la rive gauche de ladite rivière, en tant qu'elles font fituées plus bas que le point du confluent de l'Efcaut avec la Scarpe, rien excepté ni réfervé.

ARTICLE VII.

LE milieu de la rivière de l'Efcaut fera la féparation

des deux dominations, depuis le ruiſſeau de Wihers, qui ſe jette dans l'Eſcaut au-deſſus de Mortagne, juſ-qu'au confluent de cette rivière & de la Scarpe.

Aucune des deux Puiſſances ne pourra y établir des droits de péages ſur les bateaux, ou ſur les marchandiſes dont ils ſeront chargés, juſqu'audit confluent, & cent toiſes au-deſſous.

Les deux Puiſſances s'obligent de plus à ne pas établir de fortereſſes de part ni d'autre ſur cette partie de l'Eſcaut.

Article VIII.

L'article XI du traité d'Utrecht & les articles XX des traités de Raſtat & de Baden, ſuivant leſquels il ne peut être fait à Mortagne aucunes fortifications ni écluſes de quelque nature qu'elles puiſſent être, reſ-teront dans leur force & vigueur.

Article IX.

Au moyen de ces renonciations, déſiſtemens, ceſſions & échanges, la frontière des terres de France vers le Tournaiſis juſqu'à Mortagne, ſera compoſée déſormais des villages ſuivans, ſavoir;

Leers :	Bourghielles :
Toufflers :	Bachy :
Sailly :	Mouchin :
Willem :	Hovardries :
Baiſieux :	Thun :
Camphain :	Et une partie du village de
Wannehain :	Maulde adjacente à la Scarpe.

Et la frontière du Tournaifis vers la châtellenie de Lille, fera formée par les villages fuivans, en commençant du côté de Herzeaux, qui eft châtellenie de Courtrai, favoir;

Eftaimpuis :	Hertain :
Saint-Léger :	Lamain :
Eftaimbourg :	Efplechin :
Nechin :	Rume :
Templeuve :	Velvain & Guignies :
Baillœul :	Lefdain :
Blandain :	Rongy & Maulde.

De forte qu'à l'avenir tout ce qui eft intérieur aux villages du Tournaifis, défignés pour lui fervir de frontière, dépendra de la domination & de la fouveraineté de l'Impératrice Reine Apoftolique, fans préjudice à la mouvance des Seigneurs particuliers; & de même tout ce qui eft intérieur aux villages de la châtellenie de Lille, nommés pour lui fervir de frontière, dépendra de la domination & de la fouveraineté du Roi Très-Chrétien, pareillement fans préjudice à la mouvance des Seigneurs particuliers.

ARTICLE X.

LE ROI Très-Chrétien déclare qu'il ne forme aucune prétention fur le petit terrein de la paroiffe de Halluin, châtellenie de Lille, incorporé ci-devant dans les fortifications de Menin.

ARTICLE XI.

L'IMPÉRATRICE Reine Apoftolique cède au Roi Très-Chrétien toute la partie du bourg & du territoire de Deulemont, fituée fur la rive droite de la Lys vers Lille, & que Sa Majefté Impériale Apoftolique pofsède comme une dépendance de la châtellenie d'Ypres; enfemble les éclufes de la Deule, & généralement tous fes droits & poffeffions quelconques dans ledit bourg & fon territoire, en tant qu'il eft fitué fur la rive droite de la Lys.

ARTICLE XII.

L'IMPÉRATRICE Reine Apoftolique cède au Roi Très-Chrétien, les cinq branches ou enclaves dépendans de la châtellenie de Warneton, favoir;

La branche du pont d'Eftaire en Steinwerck:	Doulieu:
Oudenhem:	Pont d'Eftaire en Eftaire:
	Robermez.

ARTICLE XIII.

LE ROI Très-Chrétien cède en équivalent à l'Impératrice Reine Apoftolique, le bourg, terre & feigneurie de Neuve-Églife, de même que le village & la terre de Dranoutre avec leurs dépendances, appartenances & annexes, ainfi que cinq cents foixante-dix mefures de la paroiffe de Nieppe vers la partie où elle eft contiguë à la châtellenie de Warneton; le tout néanmoins fous la réferve expreffe, & à condition que ces ceffions feront & demeureront limitées de manière, que le territoire Autrichien n'approchera dans aucun point plus près que de dix toifes du grand chemin de Lille à Dunkerque. A cet effet, il fera nommé de part & d'autre des Géomètres, qui dans le terme d'un mois après l'échange des ratifications du préfent traité, non-feulement procèderont au mefurage & à l'abornement des cinq cents foixante-dix mefures qui doivent appartenir à l'Impératrice Reine Apoftolique, mais traceront auffi la ligne féparative des limites vers la chauffée, conformément à la ftipulation de cet article.

ARTICLE XIV.

Au moyen des renonciations, défiftemens, ceffions & échanges énoncés dans les deux articles précédens, la frontière des terres de France vers Armentières & Baillœul, fera compofée déformais des villages & territoires fuivans :

Weftoutre :	Crebbe :
Saint-Jean :	Steinwerck :
Baillœul :	Nieppe :

Et la frontière des châtellenies d'Ypres & de Warneton vers Armentières, fera formée par les villages & territoires fuivans :

Locre :	Cinq cents foixante-dix mefures de la partie de la paroiffe de Nieppe qui eft contiguë à la châtellenie de Warneton.
Dranoutre :	
Neuve-Églife :	

B iij

Et la feigneurie de la Motte ou Gué-la-motte, avec la modification néanmoins exprimée dans l'article précédent; de forte qu'à l'avenir tout ce qui eft intérieur aux villages de la dépendance d'Ypres & de Warneton, défignés pour leur fervir de frontière, dépendra de la domination & de la fouveraineté de l'Impératrice Reine Apoftolique, fans préjudice à la mouvance des Seigneurs particuliers; & de même tout ce qui eft intérieur aux villages de la dépendance d'Armentières & de Bailloeul, nommés pour leur fervir de frontière, dépendra déformais de la domination & fouveraineté du Roi Très-Chrétien, pareillement fans préjudice à la mouvance des Seigneurs particuliers.

ARTICLE XV.

L'IMPÉRATRICE Reine Apoftolique renonce à fes prétentions fur la forêt de Mormal & la cenfe de Loquignol.

ARTICLE XVI.

L'IMPÉRATRICE Reine Apoftolique cède au Roi Très-Chrétien fes droits & prétentions de fouveraineté, & tous autres droits ou prétentions quelconques, fur les terres & feigneuries de Revin & de Fumay fituées fur la haute Meufe, ainfi que tous les droits de fouveraineté & autres qui peuvent lui appartenir fur le village & territoire de Montigny-fur-Meufe,

Article XVII.

Le Roi Très-Chrétien cède à l'Impératrice Reine Apoftolique, fes droits & fa fouveraineté fur le village de Nittel fur la Mofelle, avec fes appartenances & dépendances, ainfi que fa portion dans toutes les poffeffions indivifes avec le Luxembourg, que Sa Majefté le Roi Très-Chrétien pofsède au-deffous de Perle, favoir :

> À Vocheren :
> À Wiefe :
> Et à Relingen.

Le Roi Très-Chrétien cède auffi à l'Impératrice Reine Apoftolique, ce qu'il pofsède à Nennig, y compris le château de Berg.

Sa Majefté l'Impératrice Reine Apoftolique s'engage à abolir & à ne jamais rétablir ni à Nittel, ni ailleurs les droits de péage, de haut-conduit & autres quelconques, que le Roi Très-Chrétien en fa qualité de duc de Lorraine, a perçus jufqu'aujourd'hui audit Nittel fur les bateaux, ainfi que fur les denrées & marchandifes qui fe tranfportent par la Mofelle.

Article XVIII.

Le Roi Très-Chrétien cède à l'Impératrice Reine Apoftolique fes droits & fes prétentions fur les villages & lieux fuivans, & fur tout ce que la France y pofsède avec leurs bans, territoires, appartenances & dépendances & les Sujets qui y réfident, en tant que

le tout eſt ſitué à la gauche du ruiſſeau de Friſange &
de la ligne des limites, déſignée ci-après, ſavoir ;

Holtzem:
Pepingen :
Krautem :
Heſperange :
Altzingen :
Itzig :
Haſſel :
Montfort ou Mutfort :
Medingen avec la cenſe de Pleitringen :
Menſdorff :
Dalem :
Welfringen avec la cenſe de Reckingen :

Filſdorff:
Altwies :
Ellingen :
Émeringen :
Erpeldange ou Erpeldingen :
L'égliſe de Neunkirchen avec ſes dépendances & la maiſon y contiguë :
Bouſſe :
Mondorff:
Elvange ou Elvingen :
Burmerange :

Le ruiſſeau de Friſange ſervira de limite dans cette
partie, depuis l'endroit où il ſort du territoire de
Friſange, juſqu'à celui où il entre dans le territoire de
Ganderen ; & de ce point en tirant juſqu'à la Moſelle
la limite ſubſiſtera telle qu'elle eſt maintenant : de
manière que Ganderen, Beyern & tout ce qui appar-
tient actuellement en deçà de ladite limite à l'Impératrice Reine Apoſtolique, appartiendra déſormais à
la France ; Sa Majeſté Impériale & Apoſtolique renonçant, à cet effet, à tous les droits de ſouveraineté
& autres ſur les lieux & territoires de Ganderen,
Beyern, &c. qui viennent d'être déſignés.

ARTICLE XIX.

Article XIX.

Sa Majesté l'Impératrice Reine Apostolique renonce aussi à toutes prétentions sur les seigneuries, que jusqu'ici la France a prétendu posséder à titre de dépendance de Thionville, en tant qu'elles sont situées à la droite dudit ruisseau de Frisange & de la limite marquée par l'article précédent.

Article XX.

Sa Majesté le Roi Très-Chrétien, de son côté, renonce à toutes prétentions sur la mairie de Remich & sur la justicerie de Grevenmacheren, leurs appartenances, dépendances & annexes.

Article XXI.

L'Impératrice Reine Apostolique cède au Roi Très-Chrétien les lieux & villages suivans, leurs appartenances, dépendances & annexes, savoir;

Saint-Jean devant Marville :
Ham :
Le château de Laval :
La seigneurie de la petite Flassigny :
Villers-le-rond :
Cons-la-Granville :
Nemany ou Neufmanil :

La cense des Hayes, nommée communément la Cense domaniale d'Orchimont, située près de Hargnies :
Ville-cloye:
Bazeille :
Velonne :

Ainsi que le cours entier du Chiers dans cette partie; sauf les droits de souveraineté de Sa Majesté l'Impératrice Reine Apostolique sur la rive droite de ladite rivière.

C

Article XXII.

L'Impératrice Reine Apostolique cède pareillement au Roi Très - Chrétien les villages & lieux de .

Raville :	Brouch :
Bennaye :	Halleringen :
Vaudoncourt :	Bambiderfdorff, avec toutes leurs appartenances, dépendances & annexes.
Helfdorff :	

Et Sadite Majefté Impériale Apoftolique renonce à fes droits & prétentions fur les villages & lieux fuivans, favoir ;

Servigny :	Remilly :
Plapecour :	Vitoncour :
Bionville :	Bechy :
Vitrange :	Dapcour :
Courcelles :	Et la cenfe de Faux en Forêt.

Article XXIII.

Le Roi Très-Chrétien cède à l'Impératrice Reine Apoftolique les villages fuivans, fitués du côté de Longwy, avec leurs appartenances, dépendances & annexes, favoir :

Battincourt :	Rodange :
Aix-fur-Cloix :	La Magdeleine :
Aubange :	Et le village de Gerouville près
Atus :	d'Orval.

Article XXIV.

Les trois petits cantons nommés le Bois-Jean, les grands quartiers Baudet, autrement dit le Bois-Artus & les petits quartiers Baudet, feront partie de la feigneurie de Bohan, & feront avec elles fous la fouveraineté de l'Impératrice Reine Apoftolique : le Roi Très-Chrétien renonçant à toutes fes prétentions de fouveraineté & autres fur lefdits trois cantons.

Article XXV.

Les Hautes Parties contractantes déclarent que les arrangemens contenus dans la préfente convention, ne préjudicieront aucunement aux droits de propriété, de pâturage & autres fervitudes, ni aux autres droits réels, ou aux actions qui peuvent compéter aux communautés ou aux particuliers de l'une ou de l'autre domination, fur les lieux & territoires réciproquement cédés ou échangés, & qu'il leur fera loifible d'exercer leurfdits droits & actions, & de les pourfuivre par-devant les Juges compétens.

Article XXVI.

Si parmi les feigneuries & terres cédées ou échangées par le préfent traité, il s'en trouvoit qui euffent ci-devant appartenu au domaine du Souverain, les aliénations qui en auront été faites avant la date de la préfente convention, demeureront valables en vertu d'icelle, ainfi que le demeureront également les aliénations des droits domaniaux qui fe trouveront dans le même cas.

Article XXVII.

L'intention des Hautes Parties contractantes étant de ne laiffer fubfifter aucun enclavement dans leurs poſſeſſions reſpectives depuis la Moſelle juſqu'à la mer. Elles ſont convenues expreſſément, outre ce qui eſt ſtipulé à cet égard par les articles VII. IX. XIV & XVIII de la préſente convention, qu'Elles ſe cèderont réciproquement, moyennant des échanges, les enclaves juſqu'à préſent inconnues qui pourroient ſe trouver dans les territoires reſpectifs hors de la ligne des limites, fixée par les quatre articles ſuſdits.

Article XXVIII.

Le Roi Très-Chrétien ſe déſiſte, tant pour Lui, que pour ſes héritiers & ſucceſſeurs, du droit de protection & autres quelconques qui ont été prétendus de la part de la France ſur l'abbaye & terre de Saint-Hubert, & s'engage de la manière la plus forte à ne point troubler ni inquiéter l'Impératrice Reine Apoſtolique, ni ſes héritiers ou ſucceſſeurs ducs & ducheſſes de Luxembourg, dans l'exercice de la ſouveraineté, juridiction, reſſort, poſſeſſion & jouiſſance ſur ladite Abbaye & terre, ſes mairies & féautés, & leurs appartenances, dépendances & annexes, par quelque voie que ce ſoit, de droit ou de fait, ſoit à titre du royaume de France, ou comme acquéreur ou protecteur des droits ou des prétentions d'un tiers.

Article XXIX.

Le Roi Très-Chrétien ſe déſiſte pareillement, tant pour Lui, que pour ſes héritiers & ſucceſſeurs, de la prétention qui a été formée de la part de la France,

pour l'indépendance de la terre & seigneurie de Nas-
sogne , & de la terre & seigneurie de Cugnon &
Chasse-Pierre, composée de

Cugnon :	Fontenaille:
Chasse-Pierre & Laiche :	Sainte-Cécile :
Ansey :	Mortéhan & Auby :
Le Menil :	

De la terre & seigneurie de Bertrix :

De celle de Muneau, composée du village de ce
nom, de Lambermont & de Valensart:

Et enfin de la terre & seigneurie de Blaimont, leurs
appartenances, dépendances & annexes.

Sa Majesté Très-Chrétienne s'engageant de la manière la plus forte à ne jamais faire aucune démarche,
soit à titre du royaume de France, ou comme acquéreur
ou protecteur des droits ou des prétentions d'un tiers,
qui pourroient tendre à troubler de manière quelconque
Sa Majesté Impériale & Apostolique, ses héritiers ou
successeurs dans l'exercice de leurs droits, possession
& jouissance sur lesdites terres & seigneuries.

Article XXX.

Déclare néanmoins Sa Majesté Le Roi Très-
Chrétien , que par la rénonciation à tous droits &
prétentions sur les terres & seigneuries rappelées dans
les deux articles précédens, Elle n'entend porter aucun
préjudice aux prétentions que d'autres Princes ou
Seigneurs pourroient former à cet égard, & qu'il leur
sera libre de faire valoir par eux-mêmes.

Article XXXI.

Pour établir & assurer une communication aisée entre la France & le pays de Liége par la route de Givet à Dinant, des Ingénieurs nommés par les deux Puissances désigneront & traceront dans le terme de deux mois après la signature de la présente convention, une grande route qui traversera le territoire de Blaimont & ira joindre le chemin neuf de Falmignoul. Le procès-verbal de désignation sera censé faire partie de la présente convention. Le passage par cette route & par le territoire de Falmignoul, sera & demeurera perpétuellement, irrévocablement & entièrement libre entre Givet & Dinant, en sorte que les François aussi-bien que les étrangers qui se serviront de cette route, sans emprunter d'autre territoire de Sa Majesté l'Impératrice Reine Apostolique, pourront y passer librement, sans que pour raison de leurs personnes, chevaux, chariots, effets & marchandises, ou sous quelque prétexte que ce soit, ils puissent être arrêtés, visités ni assujettis à aucune formalité, de quelque nature qu'elle soit, ni astreints à payer aucun droit ni retribution quelconque; bien entendu que d'ailleurs Sa Majesté l'Impératrice Reine Apostolique conservera les droits de Souveraineté & tous les autres droits quelconques qui peuvent lui appartenir, tant sur cette route & sur la seigneurie & territoire de Blaimont, que sur les chemins de Falmignoul.

Article XXXII.

Il sera libre à Sa Majesté Le Roi Très-Chrétien, soit seul ou de concert avec l'État de Liége, de faire construire en conformité de l'article précédent, une chauffée de Givet sur Dinant, de faire pourvoir à l'entretien de ladite chauffée, & même d'y placer des barrières en la manière usitée, pourvu qu'aucune de ces barrières ne soit sur le territoire de Blaimont, & qu'aucune partie des charges pour la construction, réparation ou entretien de cette chauffée ne tombe sur les sujets de l'Impératrice Reine Apostolique. En échange il sera libre à Sa Majesté l'Impératrice Reine Apostolique de faire traverser ladite chauffée dans le territoire de Blaimont par la grande route que le gouvernement des Pays-bas fait construire de Namur sur Luxembourg.

Article XXXIII.

Au moyen des arrangemens arrêtés par la présente convention, le Roi Très-Chrétien & l'Impératrice Reine Apostolique renoncent à tous droits & prétentions quelconques qui pourroient leur appartenir, à quelque titre, ou de quelque chef que ce puisse être, sur les seigneuries, terres & autres lieux qui y sont énoncés, & au surplus toutes autres prétentions territoriales qui n'ont pas été réglées par la même convention, demeureront éteintes de part & d'autre à perpétuité.

Article XXXIV.

Les troupes de Sa Majefté Très-Chrétienne, ainfi que les attirails & munitions de guerre deftinés pour fon fervice, jouiront du paffage libre & permanent par le comté de Beaumont & par le pont conftruit récemment par les États du Haynaut près de la ville de ce nom : à condition néanmoins que les troupes ne logeront pas fur le territoire de Sa Majefté l'Impératrice Reine Apoftolique ; que pendant leur paffage, elles ne cauferont aucun dommage, & que les vivres & rafraîchiffemens qui pourront être demandés, foit par les troupes, foit par les équipages des convois, feront payés comptant de gré à gré.

Article XXXV.

Les marchandifes, manufactures & denrées, provenant des pays de la domination françoife, & allant vers d'autres pays de la même domination, jouiront pareillement par le comté de Beaumont & fur le pont récemment conftruit par les États du Haynaut près de la ville de ce nom, d'un tranfit libre, permanent & exempt de tous droits de douanes & autres péages quelconques, en obfervant néanmoins les formalités fuivantes : 1.º Que les conducteurs des marchandifes, manufactures & denrées qui déboucheront du Haynaut françois pour paffer aux poffeffions françoifes du côté de l'Entre Sambre-Meufe, feront tenus de lever au bureau de l'abord fur le territoire de Beaumont, un

acquit

acquit à caution qui devra être rapporté dans le terme de quinze jours, avec un acte imprimé des Officiers de l'un des bureaux de Sa Majesté le Roi Très-Chrétien, où ils certifieront que les marchandises exprimées dans l'acquit à caution autrichien, sont parvenues dans tel endroit de la domination françoise, & y ont été déchargées pour le compte de N. N. sujet de Sa Majesté le Roi Très-Chrétien, résidant dans tel lieu. 2.° Qu'à l'égard des fers provenans des usines établies dans l'Entre Sambre-Meuse françois, & qu'on fera passer vers le Haynaut françois par la terre de Beaumont, on devra produire au bureau de l'abord sur le territoire autrichien, une déclaration signée du propriétaire ou du facteur de l'usine où ces fers ont été fabriqués, portant leurs quantité & qualité, que le déclarant attestera provenir de son usine, en désignant l'endroit de sa situation, laquelle déclaration sera accompagnée d'une dépêche de l'un des bureaux de Sa Majesté le Roi Très-Chrétien, de l'Entre Sambre-Meuse; moyennant cela il sera expédié une dépêche au bureau autrichien de l'abord pour le libre transit. La déclaration du propriétaire ou du facteur de l'usine françoise restera au bureau autrichien, & la dépêche du bureau françois demeurera entre les mains du voiturier, pour pouvoir constater au bureau de l'abord dans le Haynaut françois, que ces mêmes fers proviennent des fabriques de la domination de Sa Majesté le Roi Très-Chrétien. 3.° Qu'à l'égard de toutes les autres marchandises, manufactures & denrées provenant de la domination françoife, & allant vers le Haynaut françois par la terre de Beaumont, il fuffira qu'elles foient accompagnées d'une dépêche ordinaire de l'un des bureaux françois, & d'un acte imprimé par lequel les Officiers des douanes certifieront, que les marchandifes exprimées par leurs quantité & qualité dans la dépêche, font de production ou fabrique Françoife, & qu'elles ont été chargées dans tel ou tel endroit de la domination de France, pour le compte de N. N. fujet de Sa Majefté le Roi Très-Chrétien, réfidant dans tel endroit, lequel acte demeurera au bureau autrichien de l'abord où il fera délivré une dépêche pour le libre tranfit.

Article XXXVI.

Le Roi Très-Chrétien renonce à fes prétentions fur l'abbaye de Saint-Jean-Baptifte-au-Mont, ordre de Saint-Benoît, dont le fiége eft actuellement dans la ville d'Ypres, & promet de faire jouir librement tant ladite abbaye que l'Abbé actuel & fes fucceffeurs, qui feront nommés par l'Impératrice Reine Apoftolique, ou par fes fucceffeurs, dans la poffeffion & fouveraineté de la ville d'Ypres, de tous les biens, rentes, droits & actions qui leur appartiennent légitimement en vertu de quelque titre que ce foit, dans la Flandre françoife, ainfi que dans les autres provinces & pays de la domination de Sa Majefté Très-Chrétienne.

Article XXXVII.

L'Impératrice Reine Apostolique renonce à ses prétentions sur l'abbaye de Cantimpré, de l'ordre des Chanoines réguliers de Saint-Augustin, située dans un des faubourgs de Cambrai, & le Prieuré de Bellinghen continuera à en dépendre, comme il en a dépendu ci-devant, sauf néanmoins aux Religieux dudit Bellinghen & à tous autres, leurs droits & actions pour raison des fondations faites audit lieu, & de l'exécution de tous actes & conventions concernant ledit Prieuré, lesquels ne préjudicieront pas à sa dépendance de ladite abbaye de Cantimpré.

Article XXXVIII.

Les Hautes Parties contractantes, desirant exécuter de bonne foi les stipulations des différens Traités qui ont ordonné la restitution respective des papiers & documens, sont convenus des points suivans : 1.° Chacune des deux Parties restera en possession des titres & documens qui sont communs aux lieux & pays appartenans à l'une & à l'autre ; bien entendu néanmoins qu'elles se feront délivrer mutuellement des copies ou des extraits authentiques desdites pièces communes, en tant qu'elles pourroient concerner les possessions de celui des Souverains qui demandera lesdites copies ou extraits : 2.° Néanmoins si parmi les titres originaux transportés des places des Pays-bas en France, pendant la guerre qui a été terminée par le

Traité d'Aix-la-Chapelle de 1748, il s'en trouvoit
qui fuſſent communs aux deux Puiſſances, leſdits originaux feront reſtitués à l'Impératrice Reine Apoſtolique, comme lui feront reſtitués auſſi les inſtructions,
dépêches & lettres des Souverains des Pays-bas, ou
de leurs Gouverneurs généraux, ainſi que les lettres
écrites à eux, ayant pour objet des négociations avec
les Puiſſances étrangères, dans quelque temps que les
actes de cette dernière catégorie aient été tranſportés
en France : 3.° Quant aux titres & documens qui inté-
reſſent excluſivement les poſſeſſions & les droits d'une
des deux Puiſſances, ils reſteront au pouvoir de celle
qu'ils concernent, ſi Elle les a en ſa poſſeſſion, & ils
lui feront en tout cas rendus & reſtitués de bonne foi,
s'ils ſe trouvent en la poſſeſſion de celle des deux
Puiſſances qui n'y a point d'intérêt.

Toutes ces ſtipulations feront exécutées de bonne
foi dans le terme de trois mois après l'échange des
ratifications, à l'effet de quoi il fera nommé immé-
diatement après la ſignature par les deux Cours un ou
pluſieurs Commiſſaires pour ſe rendre reſpectivement
à Lille, à Douai, à Bruxelles, à Gand, à Luxembourg
& ailleurs, s'il en eſt befoin, pour y procéder conjoin-
tement à la féparation & à l'extradition deſdits papiers
& documens.

ARTICLE XXXIX.

LES préſens articles feront ratifiés par les Hautes

Parties contractantes, & l'échange des ratifications se
fera dans l'espace de six semaines, à compter du jour
de la signature ou plus tôt si faire se peut. En foi de
quoi nous avons signé les présens articles & y avons
apposé le cachet de nos armes.

FAIT à Versailles le seize mai mil sept cent soixante-
neuf.

(L.S.) LE DUC DE CHOISEUL. (L.S.) LE COMTE DE MERCY-
ARGENTEAU.

NOUS, ayant agréable la susdite convention
en tous & chacun les points & articles qui y
sont contenus & énoncés, avons iceux, tant pour
nous que pour nos héritiers, successeurs, royaumes,
pays, terres, seigneuries & sujets, acceptés, ap-
prouvés, ratifiés & confirmés; & par ces présentes
signées de notre main, acceptons, approuvons,
ratifions & confirmons: Et le tout promettons,
en foi & parole de Roi, garder & observer in-
violablement, sans jamais y contrevenir, ni permettre qu'il y soit contrevenu directement ou
indirectement, en quelque sorte & manière que
ce soit; en témoin de quoi nous avons fait apposer
notre scel à ces présentes. DONNÉ à Versailles
le vingt-unième jour du mois de juin, l'an de
grâce mil sept cent soixante-neuf, & de notre règne

le cinquante-quatrième. *Signé* LOUIS. *Et plus bas,*
Par le Roi. *Signé* CHOISEUL DUC DE PRASLIN.

Plein-pouvoir du Roi.

L OUIS, PAR LA GRÂCE DE DIEU, ROI DE
FRANCE ET DE NAVARRE : A tous ceux
qui ces préfentes Lettres verront, S A L U T.
Comme notre très - chère & très - amée fœur
l'Impératrice Reine Apoftolique de Hongrie &
de Bohème s'eft trouvé animée du même defir
que nous de refferrer de plus en plus les liens
de l'amitié, du bon voifinage, & de terminer,
conformément aux traités & aux convenances
réciproques, les conteftations qui s'élèvent trop
fréquemment par rapport aux poffeffions refpectives dans les Pays-bas, il a été jugé que rien
ne fera plus propre à remplir un objet auffi
important pour le maintien du repos & de la
tranquillité des Provinces limitrophes, que d'arrêter une Convention définitive qui fixeroit irrévocablement les limites des États de l'une & de
l'autre domination, & qui termineroit en même
temps toutes les prétentions relatives formées de

part & d'autre: A CES CAUSES, & autres bonnes
confidérations à ce nous mouvant, nous confiant
entièrement en la capacité, expérience, zèle &
fidélité pour notre fervice, de notre très-cher
& bien amé coufin Étienne-François Duc de
Choifeul-d'Amboife, Pair de France, Chevalier
de nos ordres & de la Toifon d'or, Colonel
général des Suiffes & Grifons, Lieutenant général
de nos armées, Gouverneur & Lieutenant général
de la Province de Touraine, Gouverneur &
Grand-Bailli d'Haguenau, du pays des Vofges &
de Mirecourt, Grand-Maître & Surintendant
général des courriers, poftes & relais de France,
Confeiller en tous nos Confeils, & notre Miniftre & Secrétaire d'État & de nos Commandemens & Finances: Nous avons nommé, commis
& député notredit coufin; & par ces préfentes
fignées de notre main, le nommons, commettons
& députons notre Miniftre Plénipotentiaire, lui
donnant plein & abfolu pouvoir d'agir en cette
qualité, & de conférer négocier, traiter & convenir
avec le Miniftre Plénipotentiaire de notredite
fœur l'Impératrice Reine de Hongrie & de
Bohème, pareillement muni de fes plein-pouvoirs

en bonne forme, arrêter, conclure & signer
tels articles, conventions & déclarations qu'il
avisera bon être pour régler & constater les limites
de nos États & ceux de notredite sœur l'Impératrice Reine de Hongrie & de Bohème, &
terminer toutes les prétentions respectives qui y
ont rapport; le tout avec la même liberté &
autorité que nous pourrions faire nous-mêmes si
nous y étions présens en personne, encore qu'il
y eût quelque chose qui requît un mandement
plus spécial qu'il n'est contenu dans ces présentes:
Promettant en foi & parole de Roi d'avoir agréable, tenir ferme & stable à toujours, accomplir
& exécuter ponctuellement tout ce que notredit
cousin le Duc de Choiseul aura stipulé & signé
en vertu du présent plein-pouvoir, sans jamais y
contrevenir, ni permettre qu'il y soit contrevenu,
pour quelque cause & sous quelque prétexte que
ce puisse être; comme aussi d'en faire expédier
nos Lettres de ratification en bonne forme, &
de les faire délivrer pour être échangées dans le
temps dont il sera convenu : CAR TEL EST
NOTRE PLAISIR; en témoin de quoi nous avons
fait mettre notre scel à ces présentes. DONNÉ
à Versailles

à Verſailles le cinquième jour du mois de mars, l'an de grâce mil ſept cent ſoixante-neuf, & de notre règne le cinquante-quatrième. *Signé* LOUIS. *Et plus bas,* Par le Roi. *Signé* CHOISEUL DUC DE PRASLIN.

Plein-pouvoir de l'IMPÉRATRICE REINE APOSTOLIQUE.

NOS Maria Thereſia Dei gratiâ Romanorum Imperatrix Vidua, Regina Hungariæ, Bohemiæ, Dalmatiæ, Croatiæ, & Slavoniæ, Archidux Auſtriæ, Dux Burgundiæ, Styriæ, Carinthiæ & Carnioliæ, Magna Princeps Tranſylvaniæ, Marchio Moraviæ, Dux Brabantiæ, Limburgi, Lucemburgi & Geldriæ, Wurtembergæ, ſuperioris & inferioris Sileſiæ, Mediolani, Mantuæ, Parmæ, Placentiæ & Guaſtallæ, Princeps Sueviæ, Comes Habſburgi, Flandriæ, Tyrolis, Hannoniæ, Kiburgi, Goritiæ & Gradiſcæ, Marchio S. R. I. Burgoviæ, ſuperioris & inferioris Luſatiæ, Comes Namurci, Domina Marchiæ Slavoniæ & Mechlinæ Lotharingiæ & Barri Dux, Magna Dux Hetruriæ, &c. &c. Notum teſtatumque præſentibus facimus: Ex quo tempore arctiori cum Galliarum Rege Christianissimo jungimur amicitiæ vinculo, curarum nostrarum non postrema sanè fuit, ut quantùm penes nos est, quidquid circa Belgium nostrum à pluribus annis cum Galliâ existit contentionum, amicâ compositione è medio tollatur. Hinc est, quod nos confisæ plurimum prudentiæ, integritati, rerum tractandarum usui, virum illustrem & magnificum Camerarium & Consiliarium nostrum actualem intimum, ac apud Regis Christianissimi Majestatem, Oratorem, fidelem nobis dilectum Florimundum Comitem à Mercy - d'Argenteau elegerimus, nominaverimus, plenamque id peragendi illi facultatem & mandatum dederimus speciale, sicut præsentium vigore illi damus, ut cum Regis Christianissimi Ministris, vel Ministro pari facultate, ac mandato speciali instructis vel instructo, super omnibus superiùs dictis contentionibus colloquia instituat, conveniat, instrumenta conficiat, omnia demum illa agat, quæ nos ipsæmet, præsentes si essemus, perageremus. Verbo Cæsareo, Regio & Archiducali spondentes, nos ea omnia & singula, quæ præfatus noster Minister plenipotentiarius ita egerit, tractaverit, subscripserit, atque signaverit, rata, grata & accepta habituras & ratihabitionum nostrarum tabulas in tempore

*convento extradituras esse. In quorum omnium fidem,
majusque robur præsentes plenipotentiarum tabulas
manu nostrâ subscripsimus, sigilloque nostro Cæsareo
Regio & Archiducali pendente firmari jussimus. Datum
in civitate nostrâ Viennæ die 22 martii anno millesimo
septingentesimo sexagesimo octavo, regnorum nostrorum
vigesimo octavo.*

Signé *MARIE-THERÈSE.*
Et plus bas, *W. A. KAUNITZ RITTBERG.*

Ad mandatum Sac. Cæs. ac Reg.ª Apl.ª Majestatis proprium.
Signé *GABRIEL À COLLENBACH.*

9 782329 587684